EXHIBIR AL MONSTRUO

EXHIBIR AL MONSTRUO

ava cívico

Título: *exhibir al monstruo*
Colección Miarma, n.º 3
Primera edición: octubre, 2024

© ava cívico
© de esta edición: Disbauxa Editorial
© Prólogo: Ángel Valenzuela
© Epílogo: Laura Casielles
© Ilustración de cubierta: ava cívico
© Fotografía de solapa: David G. Mateo
© Fotografías del interior: Manu Badás
Diseñado y maquetado por Disbauxa Editorial

ISBN: 978-84-127077-9-3
Depósito legal: B 16599-2024
IBIC: DCF | Thema: DCF
96 páginas, 14×22 cm

Somos **Disbauxa Editorial**
Estamos en Barcelona
editorial@disbauxa.es | www.disbauxa.es | @disbauxa.editorial

FSC
www.fsc.org
MIXTO
Papel procedente de
fuentes responsables
FSC® C107210

Índice

Prólogo

Grita la herida
(un poema es una herida es un grito es un ave)

por Ángel Valenzuela

A menudo se habla de la poesía como un territorio, un espacio vasto, con fronteras tal vez difusas, aunque manifiestas, en donde tradicionalmente la hegemonía se ha impuesto para acallar las voces disidentes. Sin embargo, como todo territorio, la poesía también es susceptible de ser ocupada y conquistada. Es en medio de este silencio que ava cívico construye un lenguaje propio —uno apuntalado en la incesante búsqueda de la ternura— y conquista ese espacio inhóspito al dar cuenta, con un profundo intimismo y una aguda sensibilidad, de una travesía que va más allá de las mutaciones físicas, evidentes a los ojos del mundo, para adentrarse en los aspectos más privados y emocionales de quien emprende este transitar.

Esta avenida, no obstante, es una que discurre en el umbral del dolor y la esperanza: aunque estos versos son un eco de las heridas no siempre visibles y la condición de proscritas que a menudo adquirimos en la lucha por abrazar nuestra verdad más auténtica, la benevolencia de las nubes y las aves cagando libres en las tumbas de los hombres nos recuerdan que, al otro lado de este trance, la belleza espera.

Me adentro en los poemas y encuentro que, ante la pena, ava nos muestra también que la belleza puede surgir incluso de las vivencias más desgarradoras. Aquí, la necesidad de ternura se convierte en un acto revolucionario; cada poema es una grieta en el asfalto, un firme recordatorio de que, a pesar del sufrimiento, el amor florece y transforma. Retomo entonces el poema «A Gloria», del mexicano Salvador Díaz Mirón, que advierte que *el ave canta aunque la rama cruja / como que sabe lo que son sus alas* y que *hay plumajes que cruzan el pantano / y no se manchan...* A lo largo de estas páginas, cívico despliega sus alas y entrega testimonio de su propia travesía: la soledad de un café que antes fuera compartido, la búsqueda del tacto como constatación de que también somos cuerpo capaz de generar deseo, la preparación de los alimentos como lenguaje del cuidado y la ternura. Es gracias a esta vulnerabilidad que la poeta exhibe al monstruo que la acecha.

Encuentro particularmente poderoso el verso *gusto de decir* ferida */ porque la efe suena linda / y la herida nunca es muda*. Aquí, la simplicidad es solo aparente: la voz enunciante intenta resignificar el dolor en varios niveles. Está, por un lado, la preferencia estilística por una variante de la palabra herida, que alude a una búsqueda de la belleza incluso en la experiencia del dolor. Por otra parte, convierte la herida en algo que, aunque sigue siendo una experiencia de sufrimiento, también puede arraigarse en una expresión poética. Por tanto, las heridas llevan consigo un lenguaje propio, una voz que ya no puede ser acallada. A través de su grito, se establece un acto de reclamación que redime el dolor, convirtiéndolo en un medio de conexión con el mundo.

Me queda claro que, en las prodigiosas manos de ava cívico, cada poema es una grieta. Cada grieta, una herida. Y esta nunca es muda: grita la herida, pero nos recuerda también que cada grito es un ave que, lo mismo que la poeta, es capaz de sobrevolar el fango y emerger con su plumaje impoluto para cagarse en las tumbas de los hombres.

Ángel Valenzuela
Ciudad de México, 29 de junio de 2024

exhibir al monstruo *es el séptimo libro de Disbauxa Editorial.*

exhibir al monstruo *es el tercer libro de la colección Miarma, nuestra colección de poesía.*

exhibir al monstruo *es el segundo poemario de ava cívico y el último (hasta la fecha).*

«porque otras aguantaron porque juntas
tenemos la consistencia del agua».

2023. Alana S. Portero

a todas las amigas,
auténticos salvavidas.

«Como quien cambia de sitio los muebles de la casa,
buscando algo de sosiego,
así me dispongo yo a quemar los puentes
que sostienen todo lo que supe en masculino».

Actos impuros, Ángelo Néstore

«Pero se me olvida
que fuera de la poesía,
los hombres
no aman a las mujeres trans».

Derecho a cita, Roberta Marrero

a Roberta,
La Marrero.

echa un vistazo a este nuevo recuerdo

hay un vaso en la encimera que tiembla
no nos da de beber
no calma sedes
solo tiembla

hay une niñe bajo las sábanas que tiembla
no puede imaginarse
no sabe que **no es hombre**
solo tiembla

21

cero coma veinticinco gramos diarios de androcur

replico deseo deseo deseo mi deseo deseo no reconozco
el deseo no hay deseo bajo las ramas fúnebres de este
camposanto al que entregué mi sexo no proceso el sexo dicen
de él cadáver y a la vez vivo porque lo percibo con mis ojos
porque existe entre mis piernas y no responde y no se marcha
y no quiere dejarme tranquila y yo le pido que se vaya y recoja
el almanaque de cuerpos follados se acoja al exilio lleve
consigo el aroma de tantos hombres no queridos no ansiados
pero por qué venerados aceptados elogiados encumbrados
sobre un trono que quizá debiera ocupar yo y ser soberana
y absoluta y maría antonieta y degollada y perder la razón la
cabeza por qué no pierdo la cabeza por qué no se calla esta
cabeza por qué no gobierna el silencio mi enferma cabeza y
en esta noche no a estas horas no en esta cama no no habrá
aprendizaje ni raciocinio ni lección ni cura porque solo siento
mi deseo no deseo tan vulnerable tan vergonzoso tan cobarde
de ser abrazada toda la puta noche

una pizca de sal, ajo y perejil

me gusta cocinar porque me acerca
un poco   a mi madre
a mi abuela, no sé si a su madre
porque nunca la conocí
ni mi madre tampoco.

sé de mi abuela que no gustaba de cocinar
ni de tener hijos,
yo tampoco lo segundo, mi madre por tradición.

me gusta cocinar por el cuidado,
la pausa, el aroma de lo muerto.
                    ¿no es mágico cómo metemos cadáveres
                                    [en una cazuela?
despellejar las carnes de sus espinas,
arrancar el fruto de la raíz y deshuesarlo
machacar lo una vez vivo con un mortero
aderezarlo con algo de ajo y perejil.

el gusto de servir un plato
                    de cuerpos occisos.

sin embargo
no hago costumbre de comer lo cocinado.
será la vehemencia de alejar mi boca de los hombres
a quienes mi madre, mi abuela, su madre y yo
                    hemos servido.

luz de martes de un otoño de noviembre

sabes estudio el bombeo de tu sangre
al verte yacer—
         sobre mis ingles
me pregunto cuántas veces al día recorre tu pecho
lo calienta
arrastra la vida por sus órganos
abre los bronquios
invade de oxígeno tus pulmones

respiras

        yo ya no respiro yo solo frío
           yo solo
      metal   de   mercurio

necesito de alguien que estruje mis costillas mientras
yo
aún
sea
débil
y las quiebre
haga añicos los huesos
        descalcificados
estalle mis arterias y desangre mi cuerpo anímico

yo que quisiera verter mis flujos sobre
tu rostro de sátiro

ofrecerte el néctar de mi flaqueza
hundir tus fauces de hombre en mi cuello
        de hielo
mi carótida de veneno

yo estudio tu corazón
no   ya bombeante
no   ya latido
no   ya corazón
pues somos ahora una sola cosa
        carente y falta de sed y de vida

de noche los gatos ronronean para pedir comida

es martes o jueves
o pudiese este día no aparecer en calendarios ni agendas ni
                                                    [memorias
y aquí estoy entre oscuridades ingiriendo otra ventana o
                                                    [puerta o muro
o quizá escalera por la que me alejo de la cotidianidad
de las tardes de verano atravesadas por la complacencia
                                        [ubicua del silencio
con el que me interpelas
luchas por salir
y yo por contener dentro
armé con titanio una prisión para retener una ternura
que no me brindaste en tus adioses
mi gato que no es mío sino de una amiga a la que cuido
                    al animal y a ella
me mira en duermevela con ojos de melancolía
sabe que en sueños olvido tu habla
y bufa araña maúlla
hace lo imposible por detener mi letargo
aun a sabiendas de que quizá un martes o un jueves no
                                        [existirás y

qué puto triste es esto
de estar desconociéndote

receta de un jueves dieciséis de noviembre

un día
si compartimos un cuenquito de sopa
medio currusco de pan, solo un vaso de vino.

dime,
¿me harías huequito
sobre tu almohada?
¿me dejarías echar tus huesos
a la sopa?

tener el agua justa aunque no sea justo
si el veneno hubiese sido más pertinente bajo esta lengua
herencia violenta de los aullidos soportados
por el vientre desgarrado del que emergió mi lamento.

las borrascas que vienen a romper el cemento

quisiera plasmar aquí
la benevolencia de las nubes,
el regalo de su protección en las tardes
cálidas del constante y longevo estío.
quisiera volver a los días de la primavera
cuando los soles alzaban
mi rostro poblado de cien margaritas
blancas, incandescentes,
y eran veneradas por los mozos del pueblo,
traían ofrendas, se ofrecían a mí.
ahora nadie llama a la puerta
de este cuerpo entumecido,
famélico, asexuado.
deambulo bajo un cielo
diferente al que muestra dulzuras
           a otros,
l0s corrientes, l0s aceptados, l0s normales,
ni siquiera el sol tiene a bien
de consolar las margaritas de mi mandíbula
           marchitas.
llueven estas nubes del verano
pero en mí nada ya florece.

lecciones de natación para principiantes

un niño da una patada a una paloma
y yo corro a auxiliarla, acariciarla, mecerla,
decirle que el mundo es cruel y sus gentes solo gigantes de
[arena
a los que un día las lluvias se llevarán, y ahogarán
y todas habremos muerto
y ella se alzará sobre los nuevos mares
y cagará libre en las tumbas de los hombres.
le dije que se avecinan nubes de tormenta
y que yo no sabía nadar.

me ruge la tripa a las cuatro de la madrugada

¿sería menos infeliz con más comida?

¿sería [más] deseable si volviese a crecer mi barba?

Semana 26

Domingo 10
☒ Gimnasio
☒ NO desayuno
☒ Comida: albóndigas
☒ Cena: ensalada
⬚ 11 triángulos de queso

Lunes 11 XX NO MÁS QUESO XXX
☒ Desayuno: pancito
☒ Comida: tortilla (solo la mitad)
☒ Gimnasio
☒ NO cena

Martes 12

☒ NO desayuno
☒ Comida: tupper risotto
☒ Gimnasio
☒ Cena: tortilla francesa

Miércoles 13
☐ NO desayuno /// croissant ///
☐ Comida: ensalada

32

en laponia los cuerpos están a catorce grados bajo cero

ciertas noches a la semana
gusto de pasar algo de hambre
con tal de sentir en mi estómago
un atisbo de calor.
¿me observa alguien cuando maltrato
                mi cuerpo?
¿me observa alguien con ternura
cuando maltrato este cuerpo?
desde la barra
os contemplo
y si fuese ternura lo que atravesase
mi abdomen os besaría los pies,
claudicaría ante vuestra sombra y feliz
y dichosa
os llenaría la boca de dalias.
pero—
no es ternura sino hambre
aquello que asoma por mi estómago
y sueño con noches de nieve
teñidas hambrientas
                de rojo sangre.

artificio de un desayuno televisado

preparo tostadas con tomate para desayunar.
es de bote, no sabe bien, lo camuflo con sal y tú desprecias
[la sal.
te pido perdón en silencio y sirvo un zumo de naranja,
no es recién exprimido, no tiene pulpa, no hay nada natural.
¿qué es natural?
¿es natural mi barba afeitada? ¿mi pelo decolorado en rubio?
¿lo es mi sexo ya inútil?
quizá sea natural pensarte en esta casa que nunca conociste,
servirte una taza de café, imaginar tu boca sorbiendo,
ansiar con ansia que me devores.
preparo tostadas con tomate para desayunar,
doy un mordisco y tomo mis hormonas.
estoy sola en la cocina de mi casa.
estoy sola.

proyección de un gramo de sal sobre las tostadas

el otoño me despierta de madrugada.
tiento en la oscuridad para encontrarte
pero solo hueco.
qué triste no entregarme a tu abrazo nocturno
qué plácida tu presencia solo presente
     en mis sueños.

no me conoces pero ansío el alba
para prepararte el desayuno.
café tibio y quizá un huevo *pochado*
aunque si se rompe
puedo hacer tostadas con tomate rayado
y sal y ajo y aceite, da igual que esté muy caro.

qué gusto será verte comer en la cocina,
recoger las migas de tu barba,
lamer las comisuras saladas de tus labios,
leerte un poema de paula melchor con el que
despertar tus ganas de devorarme.
follar en la cocina o en el salón
o en la cama donde algunas noches, no muchas,
te sueño.

no me conoces,
pero joder qué rutinas explotaremos hasta agotarnos.
traerás rosas a mi casa, yo pondré a valeria castro,
aprenderás a detestarme,

a maldecir mis putos cambios hormonales.
me abrazarás cada vez menos
y un día me haré tostadas para mí sola
y solo podré relamer la sal de mis propios labios.

me alimento de costras y piel muerta

y yo y yo y yo y
las esquinas anómalas de mi cuarto replican
otro yo que es pasado que no es este yo
ni estas manos ni sus uñas ni las bacterias microscópicas
que las recorren y que jamás te han tocado.
mi cuerpo no pesa porque no es mío el peso compartido
con tus brazos endebles con la marca del *piercing* en tu camisa,
con las ganas ansiosas de mis tripas por ingerir las escamas
                                    [postulares de tu piel
y deglutir cada folículo saliente del labio oculto
con el que me rozaste en tu última despedida.
mi cuerpo no pesa.
mi boca no pesa.
solo mastica el peso de la pérdida.

en el triángulo entre hígado, colon y páncreas podría hallar quizá un refugio

I

a hurtadillas sobre tu piel tatuada
pintorrejeada como un niño
colorea un folio desgastado
sin prestar atención a los márgenes
yo también escapo los bordes
y penetro tu piel tintada
y soy invasora, bacteria, vibrio,
germen colándose por tus venas.

                qué gusto sentir el calorcito
                de tu bombeo.

podría convertirme
en glóbulo blanco para
recorrer sin demora
todo tu cuerpo,
cada voluta de tu piel.
llevarme siempre
contigo
y viajarte desde el hongo
de la uña hasta el iris de
tus ojos verdes.

qué placer no volver a sentirme
sola.

sería célula
de las que se rebelan
en algún órgano
quizá o no
vital
y se hacen tumor, ponzoña
veneno
e intentan arrancarme,
matarme,
como tratan de deshacer
nuestro abrazo de sueño,
mi abrazo tósigo,
abrazo quizá de amor.

II

¿no es acaso bello
este deseo?

anhelo hambriento
de atravesar la dermis,
de habitar tus adentros porque
quizá
en la inexactitud de tu interior
entre tendón, hueso,

víscera,
halle ese rinconcito
tan volátil, tan minúsculo
que puedas haber reservado
quizá
para esta triste invasora.

en la alameda de hércules se erigen dos pilares

sobre las copas de los plataneros
aviene tormenta.
yo tiemblo,
nunca llueve,
nunca truena,
nunca empapa.

no existe el deseo.

donde hubo jugo solo nostalgia
ni siquiera hay anhelo.

y eso es suficiente.
ahora sí es suficiente.

diéronme cinco puntos en la palma de la mano derecha

me falta
una mano derecha
una espada
un armamento quizá
oscuro y oxidado
negro sin recuerdo
ni memoria
sin nostalgia sin herida
melancólica
sin cicatriz atravesada
de esta piel
mugrienta
que una vez quizá
pudo confundirse con
una mano derecha

[

TENGO UN NUDO DE MARIPOSAS   **MUERTAS**

EN LA YUGULAR POR ESO CALLO

]

**de tu carne extraigo la nafta con la que enfrentar
la rigidez violácea de las noches estivales**

como un insecto invertido
de tu carne extraeré el néctar con el que enfrentar
la rigidez violácea de las noches estivales.
saborearé la memoria tramposa,
el recuerdo de tu compañía ya no compañía
sino añoranza cruel que rasga todos los minutos de mis horas
púrpuras.

los insectos migran hacia la yugular

las mariposas de mi cuello se enredan con la ira
emanante de las salinas en las que un abril
sisamos frutos a las moreras.

        las alas atravesadas por la corriente del
                     [mediterráneo,
tu camisa tan blanca, tan abierta mandato del levante,
en tu pecho el *piercing* asomando por los ojales,
mi hambre fingida en busca de saciar tus apetencias.

para mí, redentor.
para mí, loto en ventisca,
brote rozagante del invierno,
príncipe torcido del que añoro el sol.
¿será cierto que la luz del mundo
emana de tus ojos y los campos oscurecen
cuando marchas a dormir?
si es noche lo que aguardas,
llegue esta y abrace mis sueños de primaveras tiernas,
de otoños ocres.
celebren las ninfas el llanto de los *noviembres*
en los que dormí sola, en los que me erigí autónoma
y entonen las brujas una marcha fúnebre
para despedir de nuestra tierra proscrita al hombre que hubo
                     [en mí.

para mí, mesías.

para ti medea, circe, hera, helena,
para ti loca, puta desquiciada.
para ti inexplicable, incognoscible, inaguantable.
para ti *ferida*, arma blanca en alza.
para mí *ferida*, tajo abierto
del que supuro pesar.

en la frutería regalan perejil y flores muertas

la tristeza es un yugo que atraviesa mi garganta
por la que no brota más que resentimiento
y bilis y vino y este ramo de flores secas hurtado de la tumba
[de mi bisabuelo
pues no me diste de comer y ahora mi boca famélica
[desespera tu nombre,
tu atención,
tu deseo,
tus cuidados.
¿por qué no vienes a sacarme este yugo de la garganta?
¿por qué alimentas mi tristeza que ahora tiene tu nombre?
y tus ojos,
tu descuido,
tu silencio.

flores latineae locutionis

no florecí.
crecí como cardo rodeada de amapolas
otredad señalada en violencia por ~~hombres~~ individuos
nombrados a sí mismos como norma.
decidme,
¿quién os proclamó reyes, dioses, verdugos?
¿por qué ensuciar vuestras manos con la tierra
de la que nutrí mi desnudez?

intentos de camuflaje frustrados con los que cargan mis
raíces y pesan e impiden posibilidad de alimento

no alimento   ya tampoco aliento

ya no día ahora noche ya no noche ahora vida

ahora cardo en terreno de otros cardos
pero
no tan originaria
no tan histórica
no tan válida
no tan cardo.

en las ciudades proliferan las alergias

dícese de mí que fui
una cama de flores
un manto de petunias
sorprendente, ¿verdad?
            tener alergia a las petunias.
fui petunia
y tulipán
y diente de cardo
porque
amas las petunias tú
mas nunca oliste
mis petunias tú
ni saboreaste
el frescor de mis cardos tú
tampoco usaste mi manto,
nunca tú.

dícese de ti que fuiste seísmo
que un día abriste mis nalgas
            como placas tectónicas
e hiciste brotar de mí el magma.

yo misma abrasé todas mis flores
yo misma destruí esta ciudad
yo misma emergí
del sedimento yermo
renacida y maldita
            en una puta petunia.

la impasibilidad es el estadio
definitivo de las larvas

arroya con rabia la escasez mi esqueleto
tan endeble, tan aterrado por todo
lo inalcanzable en su deseo de poseer.
insistente en las madrugadas veladas de mi ansia
por las que búhos vislumbran desorden,
intangible temblor de roble,
inamovible querencia de cambio las larvas
nunca mariposas, siempre larvas, siempre carroñeras
siempre tristes.

inmutable estadio de permanencia mi fuero,
reverso del niñe vejade por su delicadeza.
ternura oculta en capullo de masculinidad,
larva sedienta de caricia de seda,
esqueleto privado de ser mariposa,
insecto carente de entidad.

seré la carne tierna

supisteis siempre cómo desgarrar la ternura.
en el lodo descosidas las hebras testigos del daño perpetrado
por los hombres infaustos y hambrientos de desgracia
pobladores de las calles entumecidas que me vieron agonizar.
presentes. famélicos. sedientos.
tan ansiosos. tan hombres.
tan siempre ajenos a la encallada suavidad que custodiamos
en nuestros puños, en nuestras manos abiertas y exhaustas
de arañar la tierra con la que cubristeis nuestros féretros.
escuchad ahora con mimo el temblor de los mares,
la venganza suave y violenta de la naturaleza.
seré el grito olvidado en la memoria de mi abuela.
seré la fiereza angosta que heredé de mi madre.
seré la carne tierna que crece del desgarro.

**no vuelo porque en mí no sopla el viento
ni mis alas de cobre me permiten volar**

de mis piernas dos anclas hundidas
a trece metros
bajo la orilla del jardín
tan *chiquitito*
en el que os quise sembrar
y no os supe regar o no cupisteis porque
de mi lado, sí, os fuisteis.

infantiles los pareados como
infantiles mis anhelos
de alguien que tenga a bien el cuidado
el pensamiento,
quedarse a veces a mi lado,
verme bella,
hacer elevar las anclas   y
alto sobre el cielo como una flor
deshojada de mi siempre otoño.
¿cuántos años ya sin oír te quiero?

****

pero mejor no sepas que hay noches
        [algunas noches
en que no albergo de volar deseo
e imagino ahora sí bella mi figura
dibujada contra la acera.

los cristales quebrados de la copa ilustran mi multiverso de irrealidades

quién podrá regarme cuando me deshaga de la corteza ajada
dispuesta sobre el fallo matriz de mi siempre inexistencia
sin mérito, ni talento, ni virtud,
tan corriente como la copa de vino de la que sorbo hasta tragar
el cristal que raje en dos esta faringe de la que
nunca brotaré ninguna flor.
mis párpados húmedos en carne viva frente a todas
las versiones incumplidas de mí misma.
¿quién podrá compadecerse?

¿quién querrá cuidar de una flor ya marchita?

[

                                        YO

                 NO QUIERO SER VALIENTE

YO

QUIERO SER AMADA

]

si te atrevieses a paliar los efectos de mí misma,
la aridez que cubrió los surcos de mi madera,
rasgar de mí la invasión interna, el tajo penetrante
responsable del *quejío* continuo de la infancia muerta.

dime, ¿cómo podrías tratar con ternura este cuerpo?
tan empeñado en su propio término,
tan ansioso de su marchitar.

una hoja verde ocupa el espacio de la boca

leí leí leí leí e intenté intenté intenté lo intenté me dejé crecer el vello la barba el sexo escondí mi jardín en un capullo fui gusano larva roedor serpiente mudé piel tras piel tras piel y toqué piel y piel y piel y me herí de pieles y herí otras pieles dejé que nuevas pieles lamieran mis heridas pero no curan nunca curan no hay cicatriz solo brechas abiertas que supuran flores y ramas verdes y cascadas por más que los hombres las cosiesen nunca cerraron nunca cerradas mis brechas incapaces de impedir que el jardín brote hacia fuera

y al octavo amanecer mi cuerpo será plumaje

he sido compuesta por el deshacer
de tantos hombres en mi interior
que ahora mi cuerpo se descompone ante
el rocío de una nueva madrugada.
la desconozco. la temo.
no identifico el piar
de estos pájaros cerúleos
al otro lado de mi ventana de escarcha.
despliegan sus alas, enfocan sus ojos,
intuyo hacia dónde dirigen su examen.
no tengo
nada
que ofrecerles. no albergo
nada
en los adentros,
tan solo el brote de unas raíces torcidas
expandiéndose por mis pulmones.
los envuelven. los constriñen. los asfixian.
yo, una vez compuesta
por la tiranía de los hombres
expulso ahora con mi último aliento
todo rastro de su dulzura.
se pudren con saña mis pulmones.
anidan pájaros cerúleos mis costillas flotantes.

camino sobre la arena y la torno virgen

mi sexo deshecho no aspira a nada,
no lo toques, no te llama.
no desea existir entre mis piernas ni bajo mi vientre,
ni en ningún otro espacio violentado por un hombre.
mi sexo ya no siente nada salvo nostalgia del último sexo
                                        [introducido
en mi cuerpo latente tan cambiado al que penetraste,
al que hiciste sentir por vez última deseado, al que sin deseo
te añora en las madrugadas.
mientras ahora solo hay este sexo ausente que no aspira a nada.
y me concede calma.

no sabes que cuatro estaciones
acaecieron en cinco meses

I

el sol de esta noche de verano
es el sol que de niña vine a ver.
nunca logré solo
reflejos ////////////// en superficies horizontales de metal.

¿sigues tomando helado de pistacho
en noviembre?

II

¿llevaste a tu ***** a probar nuestra
tarta de chocolate con vainilla?
       —siempre fui tan <u>básica</u> de gustar la vainilla.
tomo café porque probé el café contigo.
lo elaboraba en la quietud de tu cocina

mientras

tú trabajabas.
también preparé la comida para tus padres
en esa cocina tan |||||||||||||||||||||||||||||||||||||||||||||||||||||| sucia.
tú no supiste nunca que no tenía idea de cocinar.

III

cómo disfrutaba de patear la ciudad contigo
nunca de la mano XXXXXXXXXXXXXXXXX
       —fuimos contrarios a pasear de la mano.
yo quería ir de tu mano.

el sol de esta noche de otoño
es distinto sol de aquel que vine a ver
de niña O-O
no calienta, solo provee de melancolía
       —usurpa el trabajo de la luna menguante.

solía barrer el piso cuando te ausentabas.
escoba, trapo, fregona,
nunca atiné a librarme del polvo.
       —¿pensaste en la demencia de mi fervor?

no supe si concebiste desmesurados
mis viajes noctámbulos sobre las aves nocturnas.
  —¿sentiste el calor de mi pecho en la madrugada?
♪♪

IV

entendí nuestro romance como una revolución,
esta deflagración recorrida tan aprisa,
tan sentida.
  —no ardimos, me calenté solo yo.

la sala de espera del hospital *shhhhhhhhhhhhhhhhhhhhhhh*
se volvió silencio, silencio blanco, silencio puro.
tu padre me evitaba, ni una sola de esas palabras que canté
            [en verbena.

el sol de esta noche de invierno
se asemeja al sol que vine a ver
de niña.
brinda frescor a mi rostro,
resquebraja y sangra la piel
    de mis mejillas.

UNA VEZ ME EXPULSASTE DE TU CASA Y A MIS PÉTALOS DE ROSA Y A MIS ILUSIONES ANSIOSAS DE CUIDARTE COMO GIRASOLES MANCHEGOS CARENTES DE *PLUVIA* DEVOCIÓN CRISTIANA POR TU IMAGEN Y TÚ CERRASTE LA PUERTA CERRASTE LA CAMA CERRASTE EL PECHO APAGASTE EL SOL

V

y este sol de esta noche de primavera
no sería nunca el sol que de niña quise ver
porque duele, porque hace daño,
porque quiere hacerme arder.
lo que no sabe, ni supiste
es que yo, *¡sorpresa!*,
soy
ignífuga.

hay veinte por ciento de descuento en casquería

despellejo las durezas de mis pies hasta acariciar
la superficie de mis órganos.
no me preguntas cómo fue mi día,
yo te sirvo el hígado que extirpé de mi vientre.
agradeces con las cuencas de tus ojos
y deglutes mis adentros hasta saciar el vacío
con el que llenas todas las cenas que nunca te preparé.

metamorfosis de una cobardía alada

mañana seré el pico de un gorrión,
me alimentaré de las migajas de balcones y parques,
ahuyentaré sin éxito la tiranía de las palomas,
perderé sobre las ciudades el peso del mundo.

mañana un niño tratará de matarme,
dejará tullida una de mis alas,
jugará a los indios con tres de mis plumas,
se burlará del plumaje de su mejor amigo.

mañana mutilarán una de mis patas,
me hundiré en el fango y revolcaré mi cuerpo en la mierda,
en los excrementos podridos de todas las fosas sépticas,
moriré entre los deshechos de vidas mundanas.

mañana no rozaré la bóveda de los cielos,
no seré alada ni celestial.
¿pero de qué serviría alcanzar el esplendor de los astros
si no hay vez en que no tema la cercanía de una ventana abierta?

o un pájaro o un drone sobrevuelan
el epicentro de madrid

arrastro esta roca corpórea bajo el alcantarillado.
huyo con el fin de observar lo que hacéis vosotros los que
                                        [no tenéis
la mirada amenazante de las ciudades sobre vuestras cabelleras,
los ojos ahumados, las uñas lacadas,
quienes no escondéis vuestra ternura bajo las lentes de la luna.
decidnos, ¿cómo es la alegría? ¿cómo se disfruta bajo el sol?
¿cómo no arder? ¿qué es no ser una proscrita?

¿cómo es no pudrirse como una flor?

hartazgo de una hache inhalada

gusto de decir *ferida*
porque la efe suena linda
y la herida nunca es muda.

H

un cuerpo triste
no escribe poesía.

[NO]

lo_que_no_decimos_sobre_las_aguas.pdf

las veces que traté de escribirte un poema
y las palabras obstinadas en
no salir
de mi
boca.

en duelo

quizá sea señal de mantener tu recuerdo en secreto
como callo mi deseo a todas luces indeseable
de resguardarme del invierno en
el suelo
bajo tu
cama.

¿no te sorprende?
dije silencio y solo ruido
solo grito solo alarido
de una harpía que sobrevuela el
invierno en pornográfica venganza
quiere vaciar cuencas
de mares de ojos
solo testigo no intercedente
solo R-Í-O
en el frío bajo tu cama
revolcada en océano de sangre
mira boy por dónde
aquí tienes tu poema

escribo

escribo al observar cómo un gorrión se posa sobre el árbol
[que no viste mi ventana.
escribo bajo la intermitente tormenta que azota de soslayo
[mi nervio.
escribo cuando el ruido del adentro tiñe de carmesí los muros
[dérmicos.
escribo ante esta costumbre mía tan tardía de estar sola.
escribo contra el vicio de aferrarme cada noche a esta copa.
escribo en busca de la garra con la que alzarme en pie.
escribo sin la certeza de qué teclean mis dedos.
escribo por si algún día deseo ser amada.
escribo por si alguien conviene de hacerlo.
escribo porque querría besarte ahora.
escribo porque te repugno.
escribo porque tengo miedo a dejar de hacerlo.
escribo.

pronto barcelona será solo mar

y marcharás.
yo doleré.

y tú dirás «qué atrevimiento»
y yo preguntaré con osadía
«¿quién alberga la misericordia de secar
con su mano desnuda los mares corrosivos
de mis mejillas?
hundirse bajo sus corrientes,
perderse en las profundidades oscuras de mi tristeza.
¿quién olvidará nadar para quedarse a mi lado?»

y doleré.
tú nadarás.

no sé si sabes y, si no, guárdame el secreto

soy un árbol mal-nutrido
mal-comido
mal-hecho
con temor a arrojarse a la vida
porque, tú entenderás,
qué vértigo alzar las raíces,
arrancar lo establecido por siglos
o al menos
desde el siglo pasado.
      broté del suelo pélvico el siglo pasado.

no sé si sabes y, si no,
guárdame el secreto
no alzo mis raíces, por eso
están podridas, por eso
estoy torcida, por eso
vivo en ilusiones y noches de otoño
y sueño con mariposas muertas
que siguen habitando en
tu garganta.
las pienso ulceradas
impidiéndote el habla
y será por eso que no me hablas ya.

no sé si sabes y, si no,
guárdame el secreto

mi no-alimento
mi mal-alimento
mi des-alimento
me ha hurtado las hojas
y ahora mi figura torcida
y cadavérica
está desnuda.
no me gusta
      estar desnuda
me da vergüenza
      estar desnuda
me da náuseas
      mi figura desnuda

no sé si sabes y, si no,
guárdame el secreto
soy malestar y vergüenza de pensar en mi figura desnuda y
en estas protuberancias que brotan ahora de mi torso y en la
curva no afilada en la que han tornado mis caderas y mi sexo
inmutable sin vida en el centro de ellas y este vello que no se
va que no termina de irse que insiste en aparecer y recordarme
qué fue lo que deseabais de mí lo que aclamabais de mí lo que
piropeabais de mí y yo tan tozuda tan cabezota tan empeñada
en hacerlo desaparecer y no se va y lo que no hay son piropos
y lo que no hay es clamor y lo que no hay es deseo y ahora así
de sola así de triste así de loca vomito palabras vomito bilis
vomito dolor sobre este deseo del deseo—perdón

no sé si sabes y, si no,
guárdame el secreto.

la fragilidad de un jardín ante el invierno

el frío danza sobre mi vientre
HINCHADO
de hambre y abandono
arruga los pliegues de mis caderas
vírgenes y anchas
y adormecidas por no haber sentido
las manos
VIOLENTAS
de ningún hombre
por eso quizá
estimo el vigor de mis tardes
juveniles bajo las estrellas de salamanca
cuando mis caderas eran
OTRAS
y sufrían tus uñas afiladas y
tu goce en mis adentros
ya no queda marca ni recuerdo
en este cuerpo privado de
DESEO
este cuerpo no cuerpo
ni árbol ni pájaro ni jardín
solo piel
VÍSCERA
colgajo
lamento

deambula un rumor por las callejuelas de sevilla

como ave intrépida adentrada
en las fauces de su montero,
surgió del remordimiento de las cenizas
depositadas sobre las tumbas ya yermas
de cada uno de los inviernos.
el hedor aún palpable en
las aceras y muros de piedra abrupta
como un perfume de jazmín
que arrojar a los ojos de los hombres.
doña maría coronel
desfiguró su cuerpo,
quemó su cara tras las tapias del convento de santa clara.
su piel ahora lírica,
ahora poesía,
ahora indeseable para
los amantes acosadores violadores.
doña maría coronel
hizo arder su rostro y pecho,
vertió aceite sobre su piel *inmaculada*
y no gritó,
no aquejó,
no lloró.
envidio el arrojo de
doña maría coronel.
tengo miedo del fuego, de lo puro de su incandescencia.
pero mi rostro aun no quemado
también repele.

sin barba, sin hombría, sin sexo,
maquillado, contorneado, travestido,
desprovisto de atractivo para ningún amante.

no soy
doña maría coronel.
pero a mí
no me hace falta el fuego.

y la mala hierba devino en pasto

mis ojos han cobrado el color del ocre en su costumbre
[vespertina
de llorar las ausencias ficticias olvidadas por aquellas flores
[que nunca planté.

un día,
un día serán flores
y no vello
quienes cubran mis piernas, mi espalda, mi rostro.

cuentos sobre el deseo al deseo

es mi cuerpo maná del vacío
cuando no comprende sus asteroides en el espejo
y nadie lo reclama ya para conquistarlo.
cuando no es cuerpo, sino roca,
efigie de granito a medio esculpir
a la que nadie escupe,
ni domina,
ni penetra,
ni lo deseo.
pero tampoco anhelan,
y eso sí lo deseo.

los otoños han conquistado mi mandíbula

he llegado tarde,
tan solo lavanda marchita cubre el crimen del estío
y el perfume que dejaste atrás en la mañana de tu adiós.
mi taza de café, tus tripas asfixiadas sobre la mesa,
el vacío de los días finales del agosto.
recojo vello caído de mi mandíbula sobre el fregadero,
lo beso y dejo atascar el desagüe con deseo de hacer tragar
[al tiempo
los fragmentos de tu memoria.
no queda agua, ni lavanda, ni vello, ni aroma,
pero aún tengo tiempo.

préstame una pomada balsámica para los labios

colcha y funda y polvo en el anaquel desde antes del estío
aguardan su momento, la caída de mi cabello,
el anochecer en la tarde,
tu marcha de mis días cálidos.
aún el olor tibio de la cafetera de acero que regalaron tus
                                                        [padres,
una de mis tazas cian envidia aquella de la que sorbiste la
                                                        [última vez,
quizá por tener el recuerdo de tus labios más presente.
que les jodan. yo las aborrezco a ambas
y a mí misma que mojé mis labios tantas veces,
que mordí y mudé su piel ahora ajena a la dermis que infectó
                                                [tu boca enferma.
colcha y funda y polvo reclaman las mañanas del otoño,
dotarme de abrigo en las noches frías de septiembre
tras los días cálidos que ya no respiro.

dijeron de las hilanderas

siento las carnes bordadas a los hilos
deshilvanados de mi cama.

no quiero salir.
no puedo salir.

mi boca cosida por sus labios incapaz del grito
solo quisiera cantar
quizá una melodía infantil
o quizá
la nana con la que un tiempo mi madre
me acunaba en otra cama distinta
a esta en la que estoy bordada.
pero mi boca no abre
y no recuerdo la letra de aquella canción
ni las notas entonadas por la voz quebrada que me vio nacer.

su voz doliente y mi voz muda

y qué importa la mudez si no queda nadie con quien hablar.
si no hay nadie más en esta habitación sino
un cuerpo que ya no es grasa ni hueso ni músculo ni tendón
pero hilo y poliéster y algodón.

y ya no queda nada.
y ya no queda carne.
y ya no queda nana.

cien búhos vigilan en la penumbra de mis sueños

después de tanta cosecha
mi voz aún novata del verso incompleto,
los altares fulgurosos con la luz del elíseo,
mi tierra yerma de abono escasea
de esplendor ante los ojos siempre ojos,
siempre vigilantes, siempre abiertos,
siempre juiciosos, siempre dictadores,
siempre tramperos, siempre invasores,
siempre lacerantes, siempre carroñeres,
siempre dolientes, siempre los ojos,
los ojos siempre,
siempre siempre ojos,
los ojos siempre ojos,
siempre los ojos.
siempre mis ojos.

**asoma una mancha amarillenta
sobre el cabecero de mi cama**

a la lumbre de una vela mi lista procrastinada de quehaceres,
yo inerte frente a una pared sucia sin ánimo de estrujar la
                                                    [bayeta.
tomo vino y soy una alcohólica que se nutre solo de melancolía
que relame sus labios del sabor de los besos muertos
que se alimenta de hombres muertos.
un cubo de amoniaco para despellejar mis manos,
sulfurar mis pulmones.
bebo de él para saciar esta sed de fin, paliar el dolor de mis
                                                    [adentros,
sentir palpitar mi sombra en la pared sucia,
dejar consumir mi espíritu en la lumbre.

cojo una sierra para talar mi árbol genealógico

seré la gota sobrante del vaso
del que sorben enfermizos los hombres vetustos.
sus puños alzados para el golpe de gracia,
los cráneos desangrados en el bordillo de la norma.

ablación genética de los márgenes.
alienación al castigo de los verdugos.
mis ojos anegados en cólera,
mis raíces yermas, estériles, insolventes,
inútiles en proveer de hogar.
la violencia de mi útero ficticio por el que
decepcionaré a los hijos que nunca engendraré.

si expulso los intestinos podré cruzar

no he vuelto a pisar el salón de mi abuela
desde el día en que enfermaron sus cuerpos por no comer.
ellos, hijos de la guerra, hijos del hambre,
robles regados por el agua corroída de la dictadura,
con un plato siempre para sus hijos y lleno para sus nietos,
ahora enfermos por no comer.

y yo no piso ya su salón porque en las noches de mi ebria
[adultez
no cruzo el umbral de mi cocina
y estoy enferma por no comer.
o quizá esté enferma por ausencia de amor,
incapaz yo de ser amada o de proferir cariño,
no hija de la guerra pero librando cada amanecer una batalla
contra la persona que no deseo ser.
famélica de caricias, moribunda de compañía.
me quita el apetito no dejar de pensarte.

ojalá engullirte para no pensarte.

nadie oirá mi piar si siempre estoy sola

gorrión, ¿por qué de pronto sobre mi alfeizar?
sabes,   .
no intuyo tu pico bajo esa máscara
ni entiendo tu piar ensordecido por los ecos plásticos
de la goma en la que alientas.

gorrión, ¿qué trae a tu plumaje ante el adolecer de mi
                                        [esqueleto?
tus ojos huecos clavados en mi nervio,
penetras desde el vacío
la duramadre, mis sesos adormecidos
de tanto alcohol y llanto,
manto
de lágrimas el que me cubre
en las noches despiadadas de las aves carroñeras.
cuidado no te alcancen, gorrión, ¿para qué expones
tu *cuerpito* al peligro de mis fantasmas?
rondan siempre las esquinas ensombrecidas al grito
de insuficiencia
y desgarro,
la falta de amor de otoño
y estas nubes que siempre amenazan con miedos.

bien, gorrión, alza el vuelo.

pero

espera,

¿a dónde te diriges?

detente,

ningún consuelo hallarás en mí quien erige caprichos
                    [por bandera y clama y reclama cuidados
inmerecidos en las tardes de domingo entre copa
                    y copa y copa y llanto de vino.

dime, gorrión, ¿por qué te acunas en mis manos?
si ni hogar, ni casa, ni cuna han sido para nadie
sino para otros pájaros pasajeros que de
mi cuerpo jamás construyeron nido.

vete, gorrión, ¡fuera! déjame sola,
busca refugio en quien pueda proveer de asilo.
prometo que te será suficiente.
solo espero que me sea suficiente.

Epílogo

Hallar el nombre
que andan buscando las cosas

por Laura Casielles

Tenemos que averiguar los nombres de las cosas. De las cosas, de la gente, de lo que vivimos y lo que nos pasa. Esos nombres que andan por ahí ocultos entre circunvoluciones, algo aplastados por el peso de todas las palabras que no paramos de decir, decir, decir, aunque no acaben de acertar como debieron. Ese nombre nuestro, nunca dicho, que sí sepa tocar lo que necesitamos.

¿Sabes esos hallazgos divertidos de las palabras que solo existen en otro idioma? *Merak* significa, en serbio, la búsqueda de pequeños placeres diarios que producen una gran sensación de felicidad y satisfacción. En urdu, a la capacidad de transportarte a otra realidad cuando la imaginación hace sentir algo ficticio como real se le llama *goya*. A algo parecido se dedica la poesía. Encuentra nombres para eso que en la vida cotidiana parece que ya los tiene, pero en alguna parte de nosotras sabemos que no del todo. O incluso para lo que no hemos sabido ni ver, por falta de palabra.

Para el poder de la voluntad humana para cambiar el mundo frente a fuerzas poderosas, como el destino, hay una palabra en lengua hurón: *orenda*.

Y muchas otras en la lengua de ava cívico.

En este libro hay un cuerpo en cambio, un deseo en huida, un mapa mutante de ausencias y presencias. ¿Cómo no iba a traer eso también una búsqueda del lenguaje para hacerlo capaz de dar cuenta de ese mundo en transformación? Los poemas que contiene abren ventanas a una travesía. No otra cosa significa *tránsito*: el viaje, el lugar de paso.

Y ese es también el lugar de las preguntas. Es ahí, en el tránsito, donde se revela la necesidad de nombres nuevos para las cosas. Y, por tanto, también ahí donde la poesía puede hacer su labor. En los estados liminales, despojados, inciertos, en los tiempos donde todo está abierto a la posibilidad. El viaje es duro, pero otro de los poderes de las palabras es el de transmutar las heridas en algo distinto.

Y es que, como bien sabemos, las cosas, cuando se nombran, ya sí pueden existir. Así que hay también mágicos conjuros según los cuales, por virtud de la literatura, los mundos se llenan de criaturas. Crecen flores selváticas en las habitaciones, ríos en la ciudad, seres mitológicos entre las rutinas y los cables. Quienes lo saben, como ava, los hacen cristalizar en universos propios que se vuelven tan tangibles como los paisajes de cada día. Hace algunos años que conozco su escritura, y no me cabe duda de que sabría bien reconocer una habitación escrita por ella si cruzase su puerta.

Y es que lo generoso de la escritura es dejar que otros, otras, entren también a esos mundos que hemos traído a existir. Porque igual que quien escribe necesitó crearlos porque le hacía falta que fuese posible habitar un lugar así, también las visitantes a las que se nos permite acceder a ellos podremos encontrar en sus estancias un lugar donde detenernos, estar, reposar. Una interlocutora, un espejo.

En estos poemas hay cocinas habitadas, cuartos poblados de recuerdos. Hay nostalgias, hay penas. Hay borrascas por dentro de la vida y listas del hambre. Mucha comida, que se toca o no, como se tocan o no se tocan los cuerpos y sus dolores. Hay dalias y cardos. Hay sueños de intimidad y de ternura, wittigianas entrañas abiertas a la tormenta. Y los puntos sobre la herida como tatuajes no elegidos, pero que también dibujan. ¿Cómo podríamos no encontrarnos ahí?

Hallar el nombre que andan buscando las cosas tal vez sea aprender a decir: *tengo un nudo de mariposas muertas / en la yugular por eso callo*. La precisión inaudita de las metáforas, su despliegue de posibilidades, abren la puerta a vidas que no podrían ser escritas de otra forma que con ese equilibrismo permanente de quien no busca agarrar el sentido, sino acaso rozarlo.

En la lengua de ava, buscar el camino intrincado de ser quien una es se dice *exhibir al monstruo*. Luego, eso se despliega en muchas otras palabras, relámpagos de idioma propio que ponen sobre la vida la luz de los nuevos nombres.

Aquí los tenemos, como un regalo entre las manos.

¿Qué sabremos decir con ellos?

Laura Casielles

XXX

Las letras se bailan y se beben. Las letras se ríen y se ll[
letras se perrean hasta el suelo y se elevan hasta el cielo. I
se disfrutan y se discuten con amor. Las letras se dicen
que quieras y las que no, las aspiras. Las letras son de
y de bolleras, de guapas y de feas y de tu género y del
letras son y no son. Las letras se performan, se habitan,
y, a veces, se escriben. Las letras las lees o te las comes
f*llas). Las letras brillan y dan sombra. Las letras somos